图书在版编目（ＣＩＰ）数据

书的历史 / 歪歪兔童书馆编绘． -- 北京：海豚出版社，2018.2
（2020.11重印）（身边事物简史丛书）
ISBN 978-7-5110-4174-6

Ⅰ．①书… Ⅱ．①歪… Ⅲ．①图书史－世界－儿童读物 Ⅳ．① G256.1-49

中国版本图书馆 CIP 数据核字（2018）第 026010 号

书的历史

歪歪兔童书馆/编绘

策　　划：宗　匠
监　　制：刘　舒
撰　　文：宋　文
绘　　画：靳新超
装帧设计：侯立新
责任编辑：孟科瑜　许海杰　李宏声
法律顾问：中咨律师事务所　殷斌律师

出　　版：海豚出版社
地　　址：北京市西城区百万庄大街24号　　　邮　编：100037
电　　话：（010）85164780（销售）　　（010）68996147（总编室）
传　　真：（010）68996147
印　　刷：北京华联印刷有限公司
开　　本：16开（889 毫米×1194 毫米）
印　　张：4
字　　数：20千字
版　　次：2018 年 2 月第 1 版
印　　次：2020 年 11 月第 4 次印刷
印　　数：30001-60000
标准书号：ISBN 978-7-5110-4174-6
定　　价：48.00 元

合作、应聘、投稿、为图书
纠错，请发送邮件至
hr@waiwaitu.com

身边事物简史

书 的 历史

歪歪兔童书馆／编绘　　宗　匠／策划

海豚出版社
DOLPHIN BOOKS
中国国际出版集团

目录

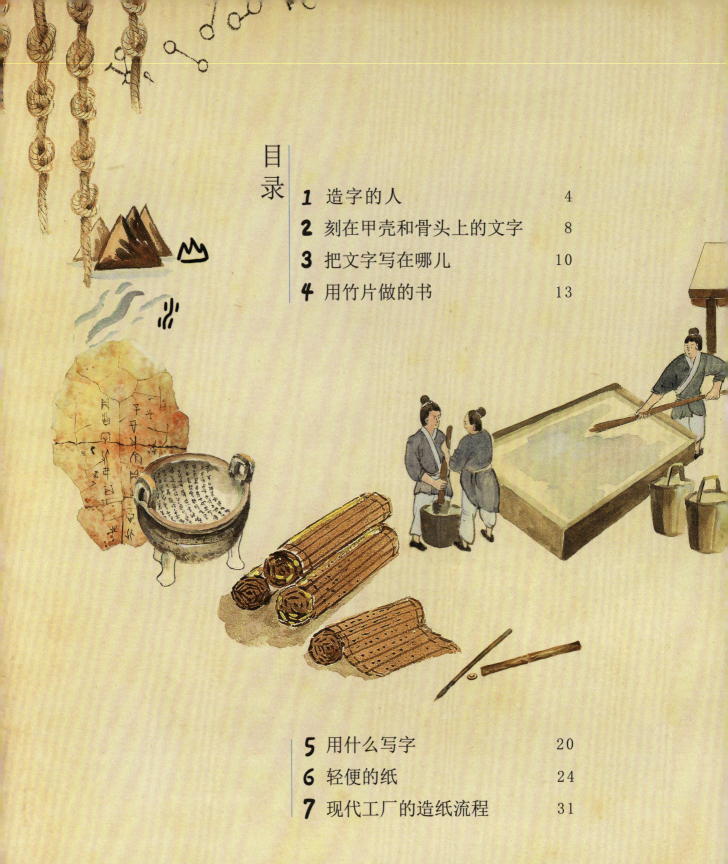

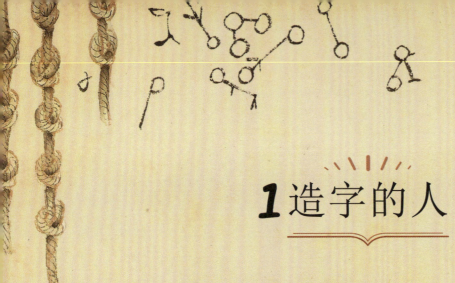

1 造字的人

在很久很久以前，所有的孩子都不用上学，不用读书。因为那时候还没有书。别说书了，就连文字都没有。

没有文字，人们怎么记下那些他们想要记住的事呢？

某天，部落里打到了一头鹿，就在绳子上打上一个大结；第二天，人们猎获了三只兔子，就在绳子上打上三个小结。这个就叫结绳记事。可是，在绳子上打结只能记很简单的事。而且，时间长了，人们也记不清这个大结到底指的是鹿还是羚羊，那几个小结说的是兔子还是小鸟。

如果每种动物都有一个和它相对应的符号就好了！一个叫仓颉的人这么想。有一次打猎，他在追踪猎物的足迹时注意到，不同的动物留下的脚印是不一样的。仓颉突然想到：把这个脚印的样子画下来，不就可以用它来代表踩出这个脚印的动物了吗？

仓颉

　　不光是动物，自然界的山川草木、日月水火，都有它们自己的形状。仓颉把它们一一画下来，并把这些符号叫作"字"。慢慢的，越来越多的字被创造出来，人们可以用这些字来记录事情，传递信息了。

象形文字

　　仓颉造字只是一个传说，实际上，汉字不大可能是由某一个人一下子造出来的。远古人类为了留下记录，传达信息，根据事物的样子描摹形状，这样的图形慢慢积累多了，就形成了文字。很有可能历史上有一个叫仓颉或别的什么名字的人，对人们已经创造出来的字做过统一的整理。这种由图形发展而来的文字叫作象形文字。在象形字的基础上，又发展出了指事字、会意字、形声字。我们现在使用的汉字，大部分都是形声字。

象形字 根据实物画出来的像图一样的字。

指事字 在图形上加上一个符号，表示某种意思。

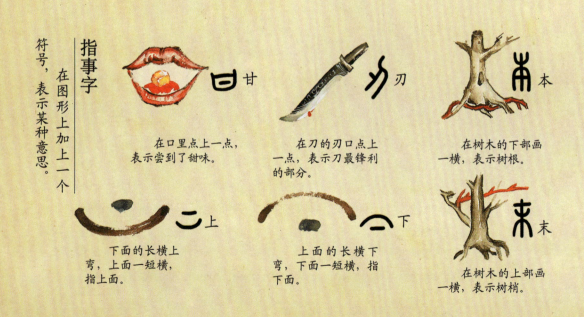

在口里点上一点，表示尝到了甜味。

在刀的刃口点上一点，表示刀最锋利的部分。

在树木的下部画一横，表示树根。

下面的长横上弯，上面一短横，指上面。

上面的长横下弯，下面一短横，指下面。

在树木的上部画一横，表示树梢。

6

会意字

两个以上的字合起来表示一种新的意思。

早上，太阳从地平线上升起。

有太阳有月亮，表示明亮。

太阳落到草丛中，天快黑了。

"三"这个数目表示很多，很多棵树木在一起，形成森林。

两个脚印一前一后，表示迈出的步子。

一个人靠在树木边休息。

形声字

由声旁和形旁构成的字，看声旁知道大致该怎么读，看形旁知道大概是什么意思。

江 河 渔 松 咏 期

以"江"字为例，"氵"是形旁，说明这个字和水有关。"工"是声旁，但"江"并不读"工"，这是因为有些汉字在发展过程中读音发生了变化。和普通话相比，有些方言和古代的读音更加接近，比如在广东话中，"江"和"工"的读音就是一样的。

拼音文字

英语是现在世界上使用国家最多的一种语言。不过，以英语为母语的人远没有使用汉语的人多。和汉语相比，英语是一种很年轻的语言，只有1000多年的历史。英语是拼音文字，总共有26个字母，所有的英语单词都是由这些字母组合而成的，对英语比较熟悉之后，看到陌生的单词你也能直接拼读。英语所用的字母和汉语拼音用的字母都是拉丁字母，汉语拼音字母和英文字母一样，总数也是26个。

不光是英语，世界上大多数国家的文字都是拼音文字，我国的蒙古文、藏文、维吾尔文等少数民族文字也是拼音文字。

2 刻在甲壳和骨头上的文字

在 3000 多年前的商朝，王室贵族喜欢通过占卜来预测吉凶，比如打仗会不会打赢，打猎会不会有大收获，生孩子会不会顺利。王室有专门的卜官负责管理占卜的事。

平时，卜官负责收集和保管适合用作占卜材料的龟甲和兽骨，比如乌龟背部和肚子上的那两块甲壳、牛的肩胛骨等，并且在甲骨边记下这块材料是从哪里得来的、保管了多久之类的文字。马上要用来占卜的甲骨，卜官还会在甲骨的反面挖出一个个小坑。

在占卜仪式上，卜官用火烧灼甲骨反面的小坑，这样，在甲骨正面就会出现一些裂纹。当时的人认为，上天想要传达的意思就藏在这些裂纹的形状中，而卜官就负责把这些信息破译出来。最后，卜官把这次占卜的过程、要问的事情、最后的结果都记录在甲骨上。

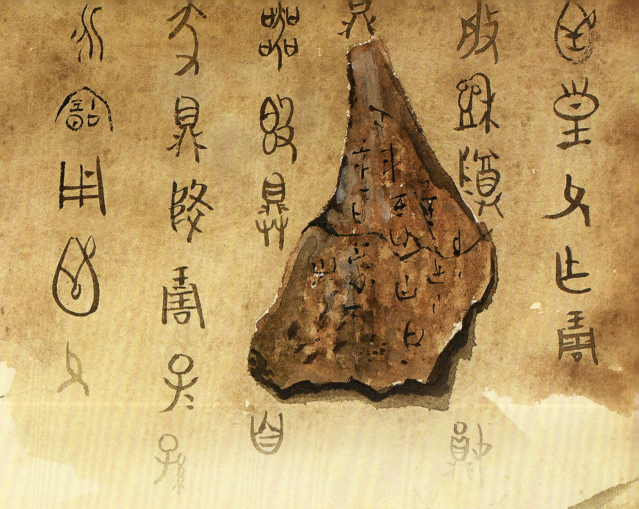

后来，我们把这些刻在龟甲和兽骨上的文字称为"甲骨文"，这是已经发现的中国最古老的文字。

写在泥板上的文字

6000年前，生活在两河流域（现在的伊拉克一带）的苏美尔人用削尖的芦苇秆在半干的黏土板上刻下一些图形和符号，来记录他们的生活。泥板晒干或烤干后可以长期保存。这些文字的笔画大都是一头粗一头细，有些像用来填充小缝隙的楔（xiē）子，所以这种文字被称为楔形文字。楔形文字是现在已经发现的世界上最古老的文字，不过它太难学了，没能像甲骨文一样一直发展延续下来。到2000年前，楔形文字就彻底消亡了。

3 把文字写在哪儿

　　在有文字之前，远古人类就会在树干、地面、岩石、洞壁等地方刻画符号，用来记录和传达信息。但把符号刻在这些地方，不是难以保存就是无法移动。有了文字之后，把文字写在哪儿才方便保存呢？我们的祖先尝试过很多种书写材料。

陶器上的图形和字形

　　在商朝之前的新石器时代，陶器上就有了图形和字形。它们是在陶器被烧制之前用模子和印戳印在陶坯上的，也有的是刻上去的，还有的是用笔写在烧制好的陶器上的。这些字形比甲骨文更早，但还不是真正的文字。

甲骨文

　　现在总共已经发现了 10 多万片刻有字的甲骨，其中不同的文字图形有 4000 多个，已经识别出来的有 2800 多个。

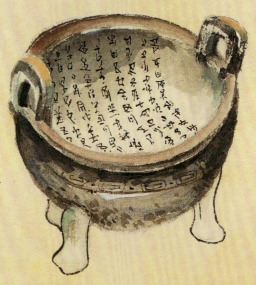

钟鼎文

　　铸刻在青铜钟和青铜鼎上的文字。钟鼎文是在甲骨文的基础上发展而来的，西周时最为兴盛。西周时称铜为金，所以这些铸刻在青铜器上的文字也叫作金文。

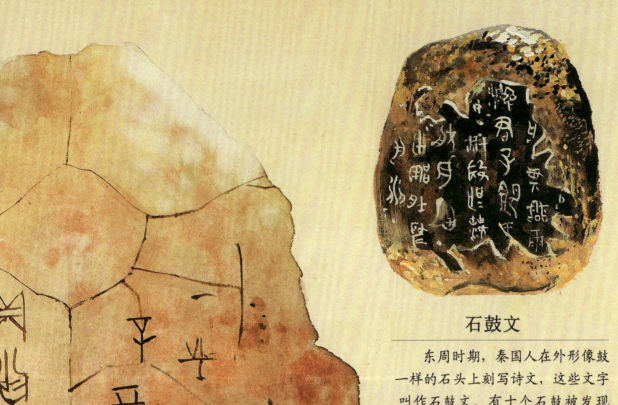

石鼓文

东周时期，秦国人在外形像鼓一样的石头上刻写诗文，这些文字叫作石鼓文。有十个石鼓被发现并流传下来，现在这些石鼓收藏在故宫博物院里。到了汉代，人们又开始把石块加工成方碑，在上面刻写文字，这就是我们都很熟悉的石碑了。

🔺 汉字的演变

从最早的甲骨文到我们现在使用的文字，汉字的形体发生了很大的改变。有趣的是，这些演变与文字写在哪儿有着一定的联系。

甲骨文因为是用刀刻在龟甲和兽骨上的，笔画又细又硬，图画特征明显，一个字就像一幅小图。西周时出现的金文，是先在柔软的泥土模子上刻字，再浇铸在青铜器上，没刻好的字还可以进一步修改，所以笔画肥大厚实，曲笔多，字形也比较工整。春秋战国时期流行的大篆从金文直接发展而来，这时的人们已经开始用毛笔在竹木简

甲骨文
（商）

金文
（西周）

大篆
（也叫籀（zhòu）文）
（东周）

小篆
（秦）

隶书
（汉）

楷书
（汉魏）

上书写，笔画更好控制，所以大篆字形整齐匀称，笔画粗细一致。秦朝以前，每个字都有很多种写法。秦始皇统一中国后，统一文字，在大篆的基础上简省笔画，形成小篆。

小篆的笔画仍然较多，而且整个字形为长方形，笔画线条多为弧线，粗细一致，日常使用并不方便。有的徒隶（管犯人的小官）在抄写文书时为了省时间，就把小篆的弧线改成直线，减少笔画，逐渐形成了结构匀称、字形扁方的隶书。到了汉代，隶书取代小篆成为通用字体，称为汉隶。隶书已经失去了图画色彩，完全成为文字符号。

楷书从隶书演变而来，一直沿用至今。"楷"是楷模的意思。楷书去掉了隶书的波势挑法，字的笔画也大大减少。东汉以后，人们用柔性的毛笔在纸上写字，可以轻松地写出笔画平直、字形方正、结构紧凑的楷书。另外，只要改变笔对纸面的压力，就能使笔画变粗或变细，写出龙飞凤舞的草书，或是笔画连绵但是容易辨认的行书。草书和行书都是楷书的速写形式。

陶器、甲骨、青铜器、石头上都可以刻下文字，但要把它们做成书，那也太沉了！而且，往这些材料上铸刻文字，本身就是一件很麻烦的事呀！

有没有轻便一些的材料用来做书呢？

4 用竹片做的书

在纸张被发明出来之前，人们最常用的书是用竹片做成的，这种竹片叫作简，几根到几十根竹片用细绳编在一起，称为简册。

往简上写字，如果不小心写错了，就用刀刮去后重新写。对于使用简册的读书人来说，刀就像橡皮擦一样，是必备文具，它的正式名称叫书刀。

写好的简册从尾到头卷起来存放，称为一卷，一本文字多的书会分为好几卷。直到现在，有的书上还会写上第一册、第二卷、上编、下编等，这些都是从简册时代流传下来的说法。

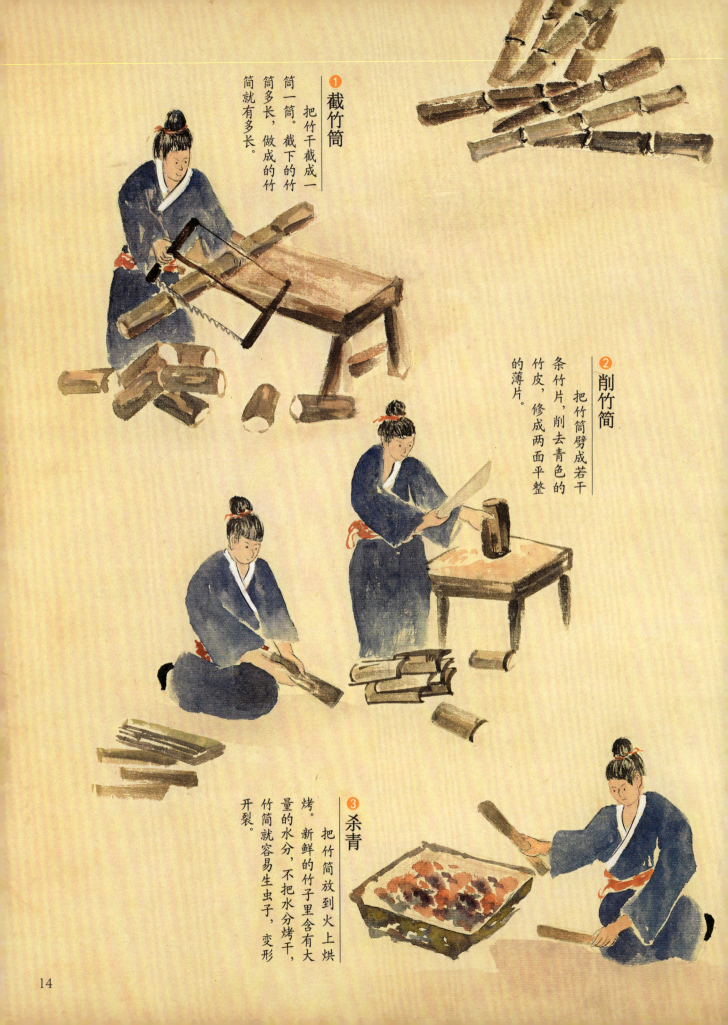

① 截竹筒

把竹干截成一筒一筒。截下的竹筒多长，做成的竹简就有多长。

② 削竹简

把竹筒劈成若干条竹片，削去青色的竹皮，修成两面平整的薄片。

③ 杀青

把竹简放到火上烘烤。新鲜的竹子里含有大量的水分，不把水分烤干，竹简就容易生虫子，变形开裂。

4 编册

用两道细绳把竹简一根挨一根地编在一起，就成了一册书。再往上面写文字，成为一册书。在实际使用时，人们也会先往单片的竹简上写字，再把写好的竹简按顺序用绳编成册。

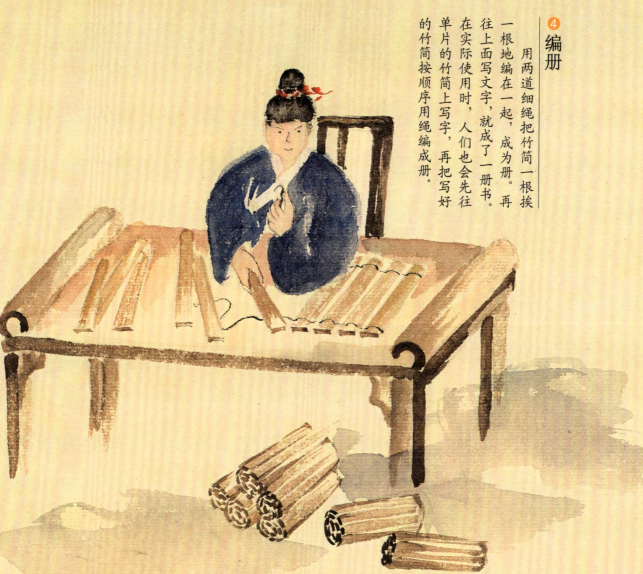

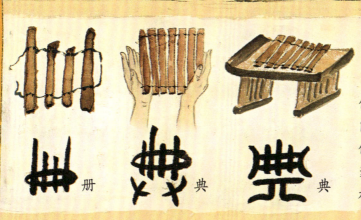

册　典　典

汉字溯源

甲骨文中的"册"，像是几片编了两道书绳的简。甲骨文中的"典"，像是两只手捧着简册；小篆中的"典"，像是"册"放在一张小桌上。

15

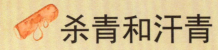 # 杀青和汗青

　　烘烤竹简时，竹片外面会渗出一颗颗水珠，就像汗水一样，所以杀青也称为汗青。后来，"汗青"这个词也被用来指代竹简、书册、史书。南宋爱国诗人文天祥的著名诗句"人生自古谁无死，留取丹心照汗青"，意思就是人都有一死，我愿以我赤诚的爱国之心留名青史。

韦编三绝

　　"韦"指经过加工的皮，"韦编"就是用皮绳编起来的简册。在孔子生活的时代，书大都是简册的形式。孔子读书非常用功，一部简册反反复复地翻读，以至于上面结实的皮绳都被磨断了三次。后来，"韦编三绝"这个成语便被用来形容刻苦用功读书。

孔子

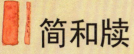

简和牍

简是比较窄的细长条，一条上面只能写一行字。简有竹简和木简，人们就地取材，南方竹子多，所以多用竹简；北方竹子少，简大多是用木头做的。

牍是用来写字的木板，比简要宽，可以写下好几行字，一般是单片使用，用来画图、写信或是当名片用。用来写信的木板通常为一尺长（约23厘米）的方形，所以信又称为"尺牍"。而"版图"用来指称国家领土，也来源于最初的地图多是画在牍上的。

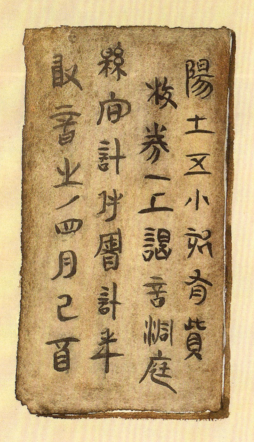

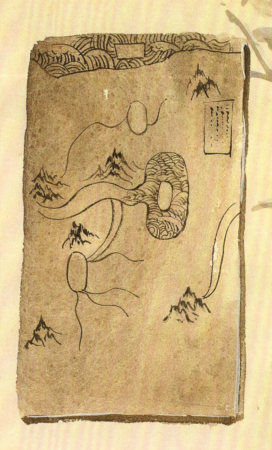

学富五车不算多

　　用简牍做的书虽然不像青铜器、石鼓、石碑那样难以移动，但要让小朋友天天带着去上学，仍然是很费劲的事。现在的课本如果用竹简制作，一个行李箱都装不下一本书。

　　秦始皇是个事无巨细都要亲自过问的皇帝，每天要批阅120斤重的文书。西汉文学家东方朔给汉武帝写一篇奏章就用了3000片牍，几十斤重，需要两个人抬上殿。史学家司马迁写下50多万字的《史记》，需要的竹简体积是现在一本《史记》的200多倍，一个书架都放不下。

　　有个成语叫"学富五车"，用来形容一个人学识渊博，读过的书能装满五辆车子。但这个成语产生于战国时代，那时的书都是简牍，五车简牍用现在的纸张印刷，只不过是几本书而已。

 帛书

　　帛是丝织品的通称，写在丝织品上的文书称为帛书。帛倒是既轻便又方便书写，但是太昂贵了，普通的读书人根本用不起。在古代，只有官府和特别富有的人才用得起帛书。

　　因为简太窄，牍也比较小，需要画图时，帛自然是更好的选择。现在流传下来的帛书中，很多都是有图的。

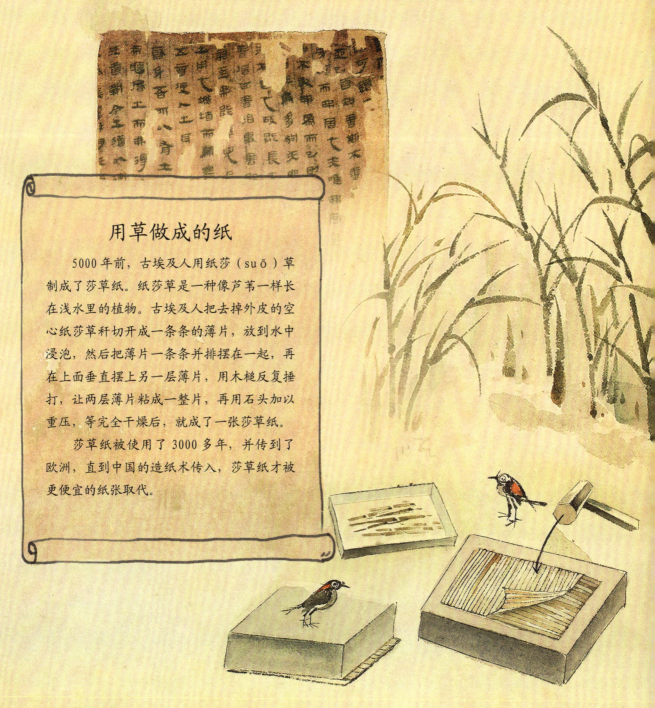

用草做成的纸

　　5000年前，古埃及人用纸莎（suō）草制成了莎草纸。纸莎草是一种像芦苇一样长在浅水里的植物。古埃及人把去掉外皮的空心纸莎草秆切开成一条条的薄片，放到水中浸泡，然后把薄片一条条并排摆在一起，再在上面垂直摆上另一层薄片，用木槌反复捶打，让两层薄片粘成一整片，再用石头加以重压，等完全干燥后，就成了一张莎草纸。

　　莎草纸被使用了3000多年，并传到了欧洲，直到中国的造纸术传入，莎草纸才被更便宜的纸张取代。

5 用什么写字

  2000多年前的秦始皇时代，有一个将军名叫蒙恬，他不仅擅长领兵打仗，而且遇事爱动脑筋。蒙恬常年带兵在外征战，经常要向秦始皇奏报军情。那时候的毛笔还很简陋，就是在一根小竹管或小木棍一端的外面绑上一圈毛。这样的毛笔笔头容易分叉，写出来的字笔画很粗，加上毛笔头含水量不大，写不了几下就要蘸（zhàn）墨，笔头也容易脱落。

  据说有一次，蒙恬在写奏报时，已经用过一段时间的毛笔笔毛乱糟糟的，写出来的字不成样子。蒙恬想把笔毛理顺一些，一不小心把整个笔头都扯了下来。这可怎么办呢？蒙恬无奈地看着手中的笔管，突然灵机一动。

他用刀把竹管笔头一端劈开几条缝，把扯下来的笔毛用细线捆成一束，插进竹管中间，然后在竹管外用线缠绕，绑得结结实实的，一支新毛笔就制好了。蘸墨一写，写出来的字笔画又细又匀称，写字速度也快多了。

近几十年来，除了写对联、条幅和其他书法作品，人们已经很少用毛笔写字了，但在这之前的 2000 多年里，不管是名扬天下的大学者，还是刚上私塾的小学童，所有的中国人都是用毛笔写字的。

更早的毛笔

在新石器时代的陶器上，就有了类似毛笔的工具画出的图案和符号。现在已经发现的最早的毛笔是战国时期的，笔管用竹子制成，笔头用的是兔毛，围在笔管的一端，用细丝线缠绕捆住，外面再涂上生漆。整支笔外还套有一个竹管。

现在的笔

钢笔也叫自来水笔，是在蘸水笔的基础上发展而来的。蘸水笔的笔尖和钢笔差不多，只不过每写几个字就要蘸一下墨水。200年前，自来水笔在欧洲诞生，它的笔管中有一个贮存墨水的橡胶囊，写字时就不用总去蘸墨水了。

圆珠笔是20世纪40年代发明出来的。圆珠笔的笔尖有一个很小的金属珠，写字时，金属珠在纸面滚动，笔芯里的油墨通过细小的孔道流到金属珠上，在纸面留下字迹。

我们现在常用的中性笔，笔尖和圆珠笔差不多，不过它使用的是墨水，而不是圆珠笔那样浓稠的油墨。

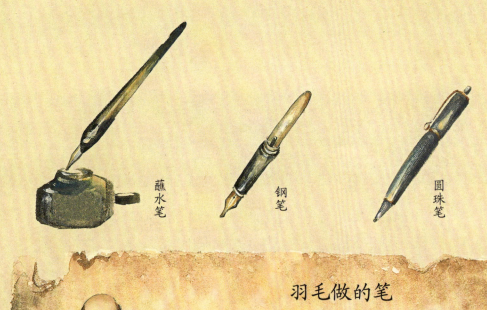

蘸水笔　　钢笔　　圆珠笔

羽毛做的笔

3000年前，古埃及人用削尖的芦苇笔蘸上灯烟在莎草纸上写字。1500年前，欧洲人开始用羽毛笔写字。鹅、鸭、火鸡、天鹅、乌鸦等禽类的羽毛都可以用来做羽毛笔。天鹅毛和火鸡毛的毛杆较粗，能装下较多的墨水，也比较方便握住书写，因而最受欢迎。从那以后直到200多年前，欧洲几乎所有的文字著作都是用羽毛笔写成的。

铅笔不是铅做的

铅笔的外面是木头做的笔杆，里面是石墨和黏土做成的笔芯，都不含铅。

古代的欧洲人用铅棒在岩石、墙壁上写字画画。400多年前，英国人发现了一种质地很软的黑色矿物——石墨，石墨画出的线条比铅棒画出的颜色更深，人们便把石墨切成条，用来写字画画。当时的人们把石墨叫作黑铅，石墨做的笔也就被叫作铅笔了。

铅笔杆上标有2H、HB、2B之类的字母和数字。B前面的数字越大，说明笔芯里含的石墨越多，笔芯越软，写出的字也越黑。H前的数字越大，说明笔芯里加进的黏土越多，笔芯越硬，写出的字颜色越浅。HB则不软不硬，颜色深浅适中。

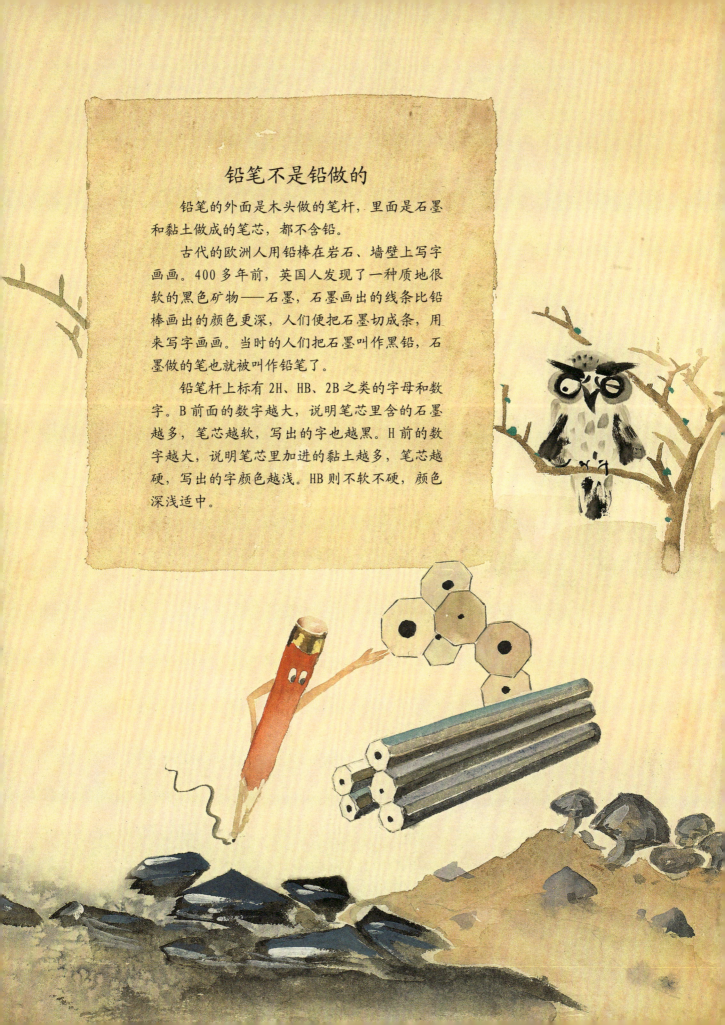

6 轻便的纸

　　帛书轻便，但是太贵；简牍太重，制作起来也麻烦。人们一直在寻找一种既轻便又便宜的书写材料。

　　西汉时期出现了一种絮纸。当时的人们在用蚕丝做丝绵时，会把煮过的蚕丝铺在竹席上打成絮状，把上面的丝绵拿走后，竹席上还粘着一层薄薄的丝絮，等晾干后揭下来，就成了一张絮纸。絮纸可以写字，但浸到水中就会重新散开。

东汉时期，一个叫蔡伦的人在皇宫里负责监督各种器物的制造，他一直在为该怎么做出又便宜又好用的纸张而苦恼。

据说有一次，他外出散步时，看到河边很多人在漂洗丝绵，水面漂着一片片丝絮。有人用竹帘把丝絮一片片捞起来，晾干后就成了一张张纸。蔡伦想，既然丝絮可以造纸，那别的一些更容易找到的原料应该也可以造成纸。

回到皇宫，蔡伦就开始做起试验来。他叫人收集来树皮、杂乱的短麻、破烂的衣服布片、旧麻线渔网当原料，经过多次试验，终于做出了又便宜又结实又好用的纸。

蔡伦

❷ 蒸煮

清洗原料，去掉杂物，切碎。把原料放到大蒸笼中蒸煮，使其变软。

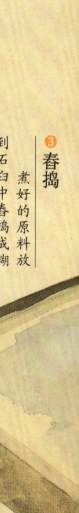

❸ 舂捣

煮好的原料放到石臼中舂捣成糊状，使植物纤维变短。把原料放入木槽中，加清水搅拌，打成纸浆。

26

❹ 抄纸

把抄纸帘放入纸浆中，双手端起轻轻晃荡，让悬浮在水中的絮状纸浆均匀地铺在竹帘上。抄纸帘是一张带木边框的小网，网眼越细密，做出的纸张越薄、越光滑。

❺ 晾干

把竹帘上的纸晾干，从竹帘上揭下。

造纸新工艺

　　五代十国时期，热爱书画的南唐后主李煜（yù）让人制出了质地精良的澄心堂纸，此纸因存放在宫殿澄心堂而得名。澄心堂纸的制作要求非常高，要在冬季的溪水中浸泡造纸原料楮（chǔ）皮，纸工们晚上舂捣原料，砸冰取水拌浆，在冰水中抄纸，然后刷在火墙上烘干。因为冰水更加纯净，细菌少，拌好的纸浆中纤维分布更均匀，制出来的纸光滑如冰，细密如茧。

　　用黄檗（bò）汁把纸染成黄色，可以防虫蛀，阅读时也更舒适。在黄纸上写字，需要修改时，可以用黄色的矿物颜料雌黄涂掉后再写。有个成语叫"信口雌黄"，就是用来喻指因为可以轻易更改，有的人就不负责任地随口乱说话。

唐朝女诗人薛涛非常喜欢红色，她让造纸工匠用木芙蓉的树皮和芙蓉花瓣制成粉红色的小幅纸张，用来写诗。这种定制纸张被称为薛涛笺（jiān）。

纸药

　　纸药是一种黏液，是从植物中提取出来的。纸浆中加入纸药，能让纤维均匀地悬浮在纸浆中，抄出来的纸张厚度、密度就会很均匀，还能防止刚抄出来叠放在一起的纸张粘在一起。另外，加入纸药的纸浆黏性增强，抄出的纸不容易断裂。宋代时已经能制出十几米长的纸，这是当时世界上最大的纸。我们现在还能看到的宋代皇帝赵佶（jí）的《千字文》，就写在一张长十米的纸上。

宣纸

宣纸因出产于安徽的宣州而得名，是中国著名的传统书画用纸。上等宣纸用青檀（tán）树皮制成。宣纸颜色洁白，柔软而有韧性，润墨性好，能使写在上面的字、画在上面的画更好看。大部分纸张存放一段时间后，容易颜色发黄，纸质变脆，而宣纸经得起长期存放，不脆不黄，因此有"纸寿千年"的说法。流传至今的许多古代书籍、书画作品，都是用宣纸书写、绘制的。

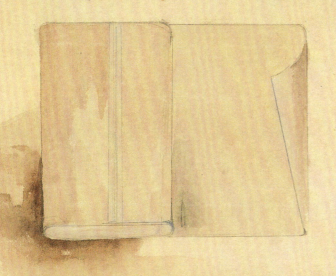

羊皮纸

羊皮纸自然是用羊皮制成的。把羊皮用石灰水浸泡，脱去皮上的羊毛和脂肪，再把两面刮薄，打磨光滑，制成两面都能书写的纸。羊皮纸质地柔软，书写方便，在很长的一段时间里，欧洲人一直用羊皮纸来书写重要文件。

7 现代工厂的造纸流程

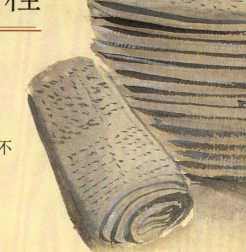

现在，有了机器的帮助，工厂制造纸张的速度比过去的传统手工造纸要快多了。现代造纸使用的原料也比以前更为广泛，制造出的纸张种类更加多样。不过，造纸的基本流程并没有发生太大的变化。

 ## 旧书报重获新生

回收的旧书旧报、废旧木料也可以成为造纸原料。首先加入热水把旧纸打成纸浆，再通过分离器和过滤器把纸浆里面的杂物清理出来，然后用脱墨机把印在书报上的油墨分离出来。用废纸为原料做的纸称为再生纸。随着工艺的不断改进，再生纸的质量也越来越好。多使用再生纸可以少砍伐很多棵大树。

废纸

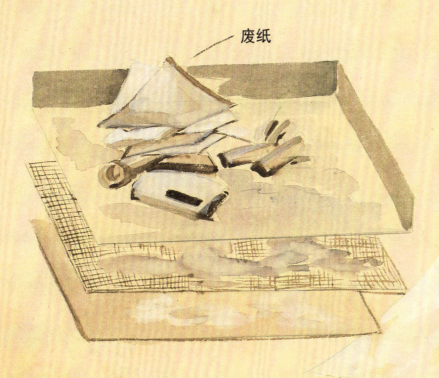

再生纸 ——

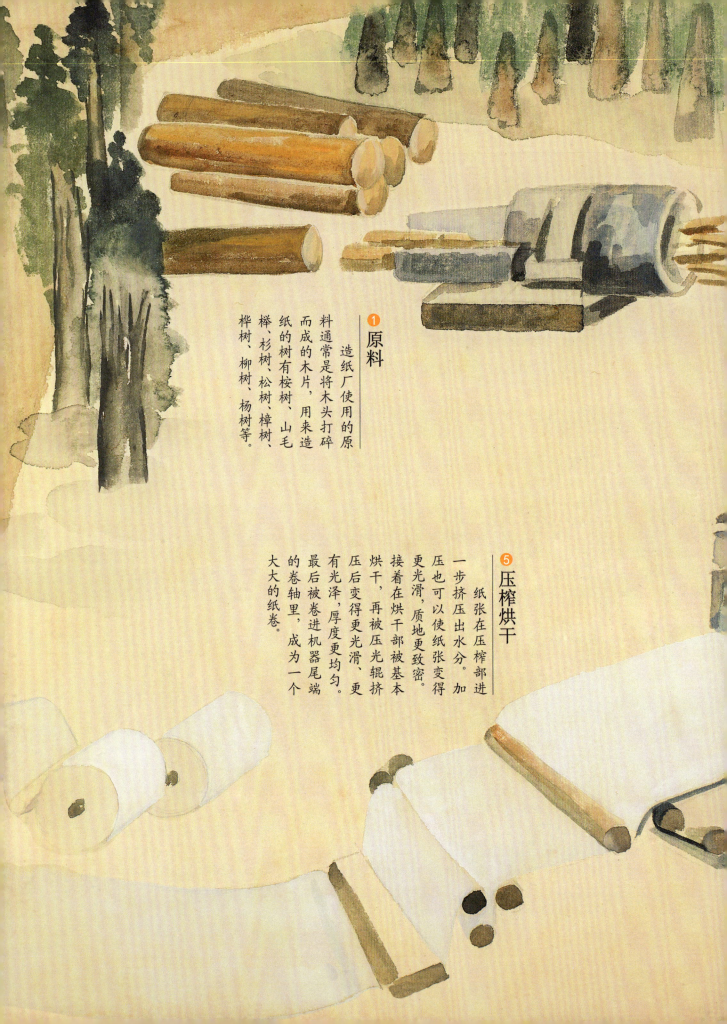

❶ 原料

造纸厂使用的原料通常是将木头打碎而成的木片，用来造纸的树有桉树、山毛榉树、杉树、松树、樟树、桦树、柳树、杨树等。

❺ 压榨烘干

纸张在压榨部进一步挤压出水分。加压也可以使纸张变得更光滑，质地更致密。接着在烘干部被基本烘干，再被压光辊挤压后变得更光滑、更有光泽，厚度更均匀。最后被卷进机器尾端的卷轴里，成为一个大大的纸卷。

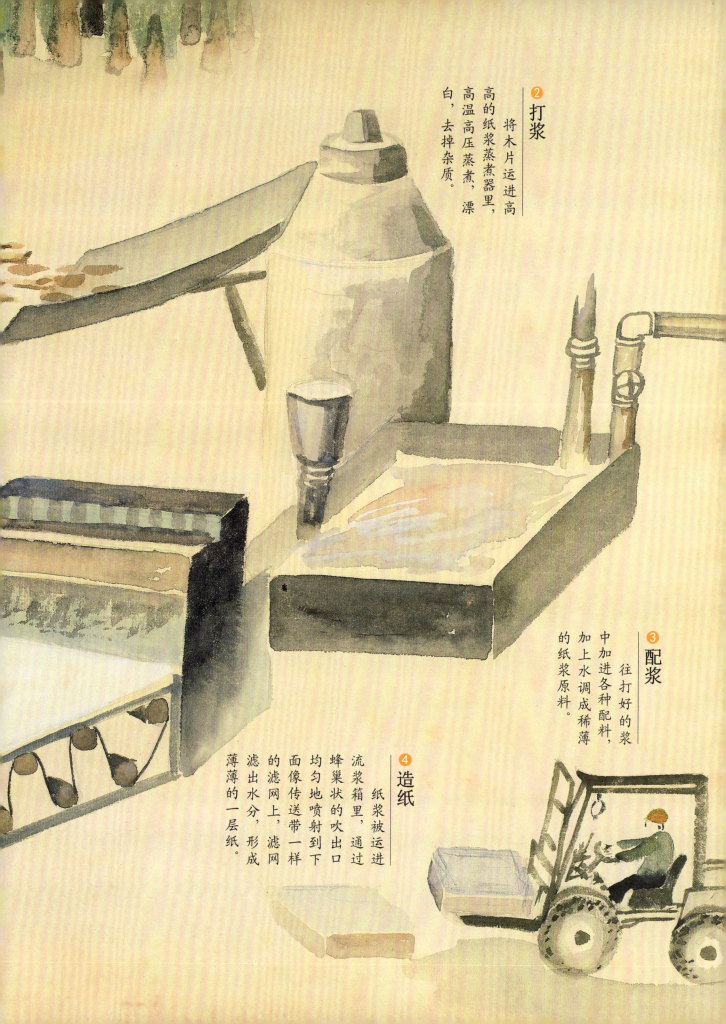

❷ 打浆

将木片运进高高的纸浆蒸煮器里，高温高压蒸煮，漂白，去掉杂质。

❸ 配浆

往打好的浆中加进各种配料，加上水调成稀薄的纸浆原料。

❹ 造纸

纸浆被运进流浆箱里，通过蜂巢状的吹出口均匀地喷射到下面像传送带一样的滤网上，滤网滤出水分，形成薄薄的一层纸。

8 靠抄写来做书的时代

　　1900多年前的一天，在一间堆满书简、卷轴的屋子里，一个年轻人正伏在几案上忙着抄书。终于又抄完了一本，他揉揉发酸的手腕，突然站起身，把手中的笔扔到地上，愤愤地说："男子汉大丈夫，应该到边塞去建立功勋，怎么能把一生浪费在这种抄抄写写的事情上呢？"

　　这个年轻人叫班超。过了不久，他就从军入伍，立下赫赫战功，后来又两次出使西域，成为东汉著名的军事家和外交家，还留下了一个广为人知的成语——投笔从戎。

　　在班超生活的时代，官府和富裕人家要想制作一本书，就会雇佣字写得好的读书人来帮他们抄写，这种工作对于班超这样一个怀有远大志向的人来说，确实很枯燥。直到500多年后，印刷术的发明才让人们从这种无聊的工作中解放出来。

班超

洛阳纸贵

　　西晋时，文学家左思曾写了一篇描写魏、蜀、吴三国都城的《三都赋》。这篇文章写得实在太精彩了，当时的京城洛阳的人们纷纷去买纸抄写。一时间，洛阳纸价大涨，从原来的每刀千文涨到了两千文、三千文，到最后干脆断货了。这就是"洛阳纸贵"这个成语的由来。从这个故事可以看出，在当时，纸张的使用已经非常普遍了。

通过抄写来制作复本，不仅效率低，还容易出错。有的是无意中抄错了，也有的是抄书人觉得原书写得不够好，顺手给改了。总之就是抄出来的书和原书不完全一样。就这样抄来抄去，有的书可能和最初的原本差了不知道多少。

为了解决这样的麻烦，东汉后期，在都城太学里立起了几十块石碑，上面刻着《论语》《春秋》《周易》等儒家经典的官方定本，供读书人校对。人们纷纷来到太学，根据石碑上的文字校对自己手中的书。可那些远在外地的人来不了，怎么办呢？于是有人就把石碑上的文字用纸拓（tà）印下来，石碑上的典籍因此得以传遍天下。

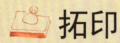 ## 拓印

把一张柔软而有韧性的薄纸润湿后贴在石碑上，用毛笔把纸压入每一道凹下去的刻痕中。等纸变干一些后，用扑子蘸上墨，轻轻扑打纸面。扑子是一个里面裹着丝绵的软布包，吸墨均匀。因为石碑上的字是凹进

去的，有字的部分不会沾上墨，用扑子把整个碑面上的纸都细致均匀地拍遍，就得到了一张黑底白字的拓片。

刻在石柱上的法典

3000多年前，古巴比伦国王汉谟（mó）拉比把一部法典刻在一根两米多高的石柱上，石柱顶端还刻有汉谟拉比和象征正义的太阳神交谈的形象，以显示国王的权力是天神授予的，神圣不可侵犯。《汉谟拉比法典》是世界上最早的一部完整保存下来的法典。

9 从一页到十万页

2000多年前的春秋时期，人们就已经开始使用印章了。印章有木头做的，也有石头的、玉的、金的、铜的，上面刻着凸出来或是凹下去的反字，蘸上墨后印在纸上，就得到了一方有着正文字的印。

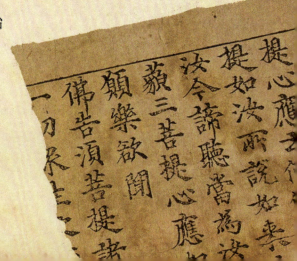

如果我们做一个很大的印章，印面有一页纸那么大，上面刻满一行行的字，刷上墨后印在纸上，得到的会是什么呢？没错，那就是一页书了。

　　古代的人们从长期使用印章、用墨拓法复制碑刻文字的活动中得到灵感，雕版印刷术就这样自然而然地被发明出来了。在抄写时代，人们只能一页页地抄写。但把一页文字制成雕版后，就可以印出上万页甚至十万页同样的内容，而且，只要雕版里没有错误，印出的每一份页面里都不会有错误。

早期的雕版印刷品

　　至少在1300多年前，雕版印刷术就已经发明出来了。最初，雕版印刷术多用来印刷佛经、历书。在甘肃敦煌藏经洞发现的《金刚经》刻印于公元868年，上面的佛像和文字雕工精细，印刷清晰，是早期雕版印刷物中的精品。

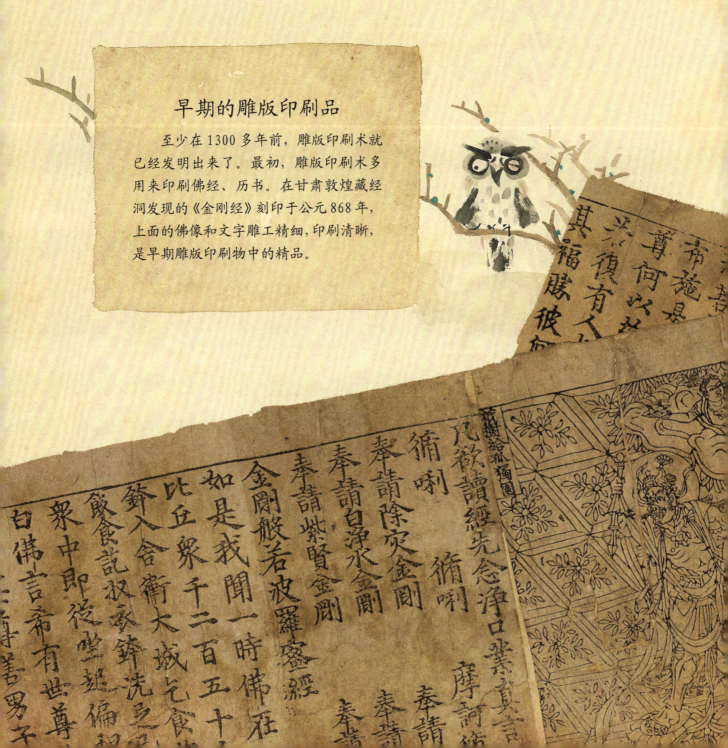

❶ 制木板

挑选质地均匀、纹理细密、不容易变形的木材,如梓(zǐ)木、梨木、枣木,把木头锯成木板,放入水中浸泡,脱去树脂和胶质,制成的雕版才不容易开裂。木板晾干后,用刨子刨平,抹上植物油,打磨光滑。

❷ 写样上板

在一张薄纸上抄写原稿,称为写样,把写样反着贴到准备雕刻的木板上。也有技术熟练的抄写人把原稿反着写在木板上,更有刻字高手能直接在木板上刻出反体字。

❸ 雕版

刻字工匠用刻刀把木板上除了字的笔画、框线之外的其他部分都剔掉,刻出凸起的文字和线条。

❹ 印样校对

往雕版上刷上红墨或蓝墨，印出校样，对照原稿进行校对。如果有错字，就挖掉那一小块，重新刻好正确的字补进去。

❺ 印刷

往印版上刷上墨，铺上纸，用另一把干净的刷子刷纸的背面，然后把纸揭下来，纸上就印上了文字内容。

🖌 印刷用的两把刷子

传统手工印刷要用到两把刷子。往印版上刷墨的叫"下刷"。下刷用棕丝扎成圆柱形，蘸上墨后均匀地刷在印版上。

另外一把刷子叫"上刷"，不蘸墨，把纸铺在印版上后在纸背面刷，使纸和印版充分贴合。上刷用棕片卷起制成，上面还装有一块木板，不仅能使棕片保持平直，也更方便抓握。

10 墨和砚

　　印书当然少不了墨。墨是用烟炱（tái）制成的。燃烧松木、桐油会产生烟炱，刮下烟炱磨细，加入胶料调和成膏状，准备印刷时再加入适量的水搅拌均匀。

　　古人用来写字的墨和印刷用的墨不太一样，不过主要原料都是烟炱。最早的墨是形状不规则的小块，用磨棒碾压成粉末，用水调匀后使用。后来人们用模具制墨，往烟炱里加入胶，把墨做成规则的形状，称为墨锭。要用墨时，往砚台里加上一点水，拿着墨锭在砚台里研磨，不大一会儿工夫，可以用来写字的墨汁就磨好了。

　　用于磨墨的文具叫砚台，最初是用来把墨研磨成粉末的石盘，也叫作"研"，后来逐渐叫成了"砚"。砚台大多用石头制成，也有的用陶、瓷、瓦、砖、玉、金属制成。

　　墨和砚，还有笔和纸，是古代文人写字作画必不可少的四样物品。古代的书房称为文房，所以笔、墨、纸、砚合称为"文房四宝"。

制作精良的墨锭

　　人们在制墨时，会往里面加入珍珠、麝香、樟脑、藤黄、巴豆等药料，做出来的墨锭坚固紧实，防虫防蛀，香气袭人，能存放很长时间也不变质，磨出来的墨颜色浓黑，润泽光亮。

瓦砚和砖砚

　　从唐代开始，人们利用秦汉时宫殿废弃的瓦和砖为原材料，制成砚台。这些古砖瓦质地坚硬细腻，不仅古香古色，也很适合用来磨墨。

11 从单页到装订成册的书

雕版印刷术发明出来后，装订成册的书并没有马上出现，最早的印刷品都是以单张的形式存在的。有些文章、书籍内容太多，一块印版容纳不下，就要制成很多块版，分别印刷出来。之后，一本书有了很多单张的书页，该拿它们怎么办呢？当然是要把书页粘在一起。

卷轴装

把单张的书页按顺序一张接一张地粘起来，成为长长的一条，卷成筒存放。精致的卷轴装会在长卷的末端装上一根棍当轴，卷起后用丝带缠绕。在纸书之前，简册、帛书也是卷成筒存放的。

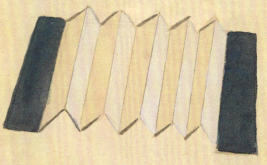

经折装

把长卷的书一正一反地折叠起来，前后粘上两张厚封皮，这种装帧方式叫作经折装，因佛经最早使用这种形式而得名。

旋风装

把单张的书页依序粘在一张长纸上，一页叠一页，有点儿像鱼鳞一片压着一片，所以旋风装也叫龙鳞装。存放时把长纸卷起来，里面的书页都朝同一个方向卷旋而起，就像旋风一样。

蝴蝶装

　　把单张书页朝有字的一面对折，一本书的书页按顺序摞在一起，在书页的折线处粘上一张硬纸作为书脊，再把一张较厚的大纸粘在书脊上做封面和封底。蝴蝶装的书打开后书页朝两面分开，像蝴蝶展开双翅，因而得名。蝴蝶装的书每看完两页，就会有两页的空白页。

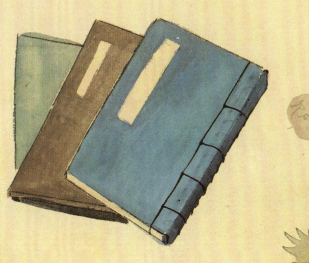

包背装

　　把单张书页朝空白的一面对折，所有的书页按顺序摞在一起，在开口的长边上打两三个小孔，孔里穿进纸捻（niǎn），外面再粘上一张做书皮的纸，形成包背装。

线装

　　把单张书页朝空白的一面对折，书页按顺序摞在一起，两头各加上一张书衣。在书页开口的长边上打上几个小孔，用线穿过小孔，把整叠的书页连在一起。

毕昇

12 活字印刷术

  雕版印刷术的发明让人们可以把一本书轻松复制成千上万本。可是，雕版印刷也有很多缺点。印一本书就要雕刻几十、几百块版，如果要印一套书，需要的印版就更多了，要很多刻字工匠花上几年的时间才能刻完。如果不小心刻错了字，改起来也麻烦，错字多的话就只能整版重新雕刻。另外，存放这么多的印版也需要很大的地方。如果一本书再也不印了，这些印版也就没有用了，只能毁掉。

到了北宋年间，一家印书作坊里有一个名叫毕昇的刻字工匠，他经常看到一些不再需要的雕版被成批毁掉，觉得很可惜：那上面的每一个字可都是自己和伙伴们辛辛苦苦刻出来的呀！有没有什么办法能让刻出来的字反复使用呢？毕昇由此想到，如果把所有的字都单个刻出来，印刷时把它们按原稿拼在一起，印完后再拆开来，不就可以重复使用了吗？

毕昇想到的这个办法就是活字印刷。从此，印刷术大大地前进了一步。

古腾堡活字印刷

500多年前，德国金匠古腾堡用铅锑锡金属合金熔铸出单个字母，排好版后装到印刷机上印刷。他发明了批量铸造活字的方法，先用硬金属雕刻出单个的反体字母做模具，用它在软金属模板上冲压出字形，再把熔化的合金倒进模子里铸成活字。古腾堡用活字印刷了180部《圣经》，至今还有数十部留存于世。

古腾堡的发明比毕昇发明泥活字晚了400年。不过，由于西方语言里的字母比汉字要少得多，铸字的工作量小，古腾堡的活字印刷机发明出来后，迅速被推广，很快便在欧洲普及。

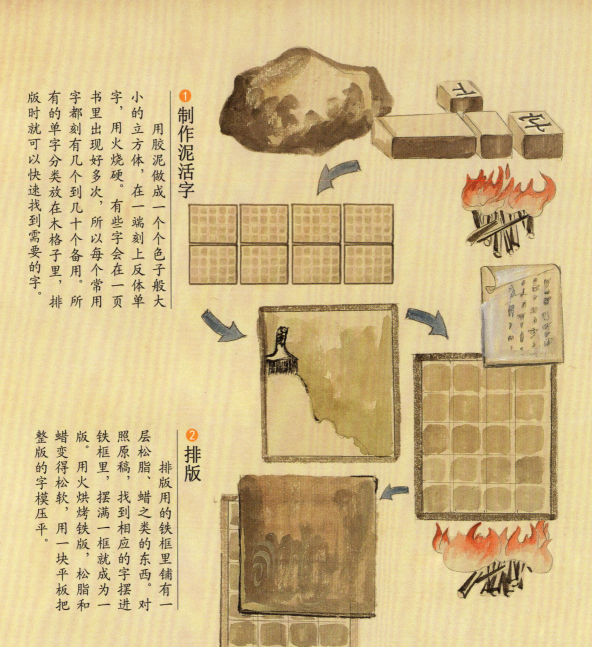

❶ 制作泥活字

用胶泥做成一个个色子般大小的立方体，在一端刻上反体单字，用火烧硬。有些字会在一页书里出现好多次，所以每个常用字都刻有几个到几十个备用。所有的单字分类放在木格子里，排版时就可以快速找到需要的字。

❷ 排版

排版用的铁框里铺有一层松脂、蜡之类的东西。对照原稿，找到相应的字摆进铁框里，摆满一框就成为一版。用火烘烤铁版，松脂和蜡变得松软，用一块平板把整版的字模压平。

❸ 印刷

在版面上刷上墨，铺上纸，用长刷刷过纸背，就印成了一页。这本书需要印多少本，就把每一页印出多少份。

用火把铁框里的松脂和蜡烤化，把字模倒出，按类放回木格子里。

毕昇发明的泥活字，因为材质不坚固，字模边缘难以做到很整齐，排版不够紧凑，印出来的字容易笔画不清，行列弯曲。后来人们又尝试使用锡活字、木活字、铜活字、铅活字，直到20世纪80年代，书籍、杂志、报纸还都是用铅活字印刷的。

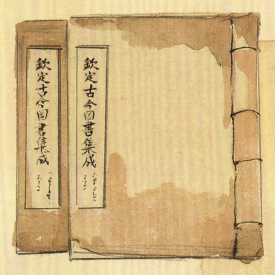

皇宫里的印书坊

清朝时，紫禁城里的武英殿是皇家刻印图书的地方。雍正皇帝时，武英殿用铜活字印制了64部《古今图书集成》，每部有5020册。乾隆皇帝时，用木活字印制了大量图书，共134种，称为"武英殿聚珍版丛书"。

13 认识书

有的小朋友可能会想，谁还不认识书呀？没错，你肯定认识书。不过，你知道为什么有的书软软的，可以整本卷起来，有的书外壳却是硬硬的吗？你知道书还可以分成好几部分，各个部分都有它们自己的名字吗？

精装书

精装书是封面和封底都用硬纸板做的书，词典、工具书大多都是精装书。精装书装订得很结实，不容易散页，在书架上放进取出时也不会弄破、起皱。那些页数很多、需要长期保存的书一般都做成精装。

平装书

平装书的封面和封底是用较厚的纸做的。许多平装书的封面、封底要比书页宽出来一截，然后朝内折进去，被折进去的这部分叫勒（lè）口。有了这个设计，封面封底的四个角就不容易翘起来了。平装书比精装书轻，更方便携带。

软精装书

软精装书介于平装书和精装书之间，封面和封底用的是比较薄且有韧性的纸板。软精装没有硬精装那么重，而与平装书相比，软精装的封面对内页的保护又更强一些。一些被经常翻阅又需要使用很久的工具书会做成软精装。

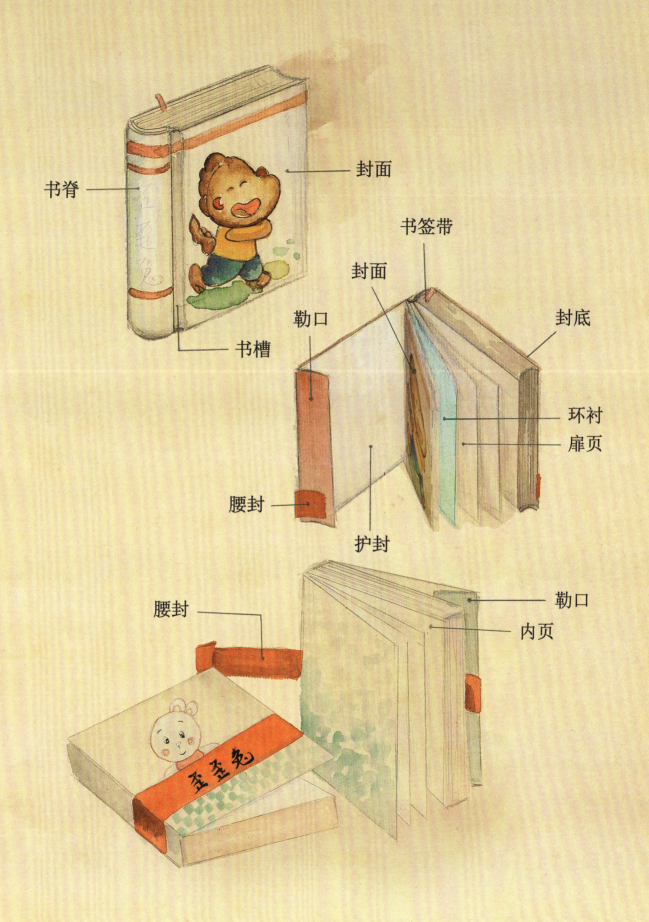

书脊

封面

书槽

勒口

腰封

封面

书签带

封底

环衬

扉页

护封

腰封

勒口

内页

圣圣兔

14 一本书的制作

在每本书的最前面或是最后面，写有定价的页面上，还写有很多人名、数字，这一页叫作版权页，相当于这本书的身份证。这一页的内容主要是告诉大家，有哪些人为这本书的诞生付出了劳动，书是哪家印刷厂印的，什么时候印的，印了多少本，还有开本、印张……咦，开本、印张是什么东西？看完一本书的制作过程，你就知道了。

① 制版

一本书的内容创作出来后，排版师把制作好的版面交给制版师。制版师按照一定的规律把不同的页面拼在一张大版里，用制版机制作出印版。

② 印刷

印版装在印刷机的滚筒上，涂上油墨的滚筒在纸上滚过，就把文字和图形印在了纸上。印刷用的纸是很大的一张，两面都印好内容后叫作一印张。做一本书用了多少张这样的纸，这本书的印张数就是多少。一印张分开成多少页，这本书就是多少开。

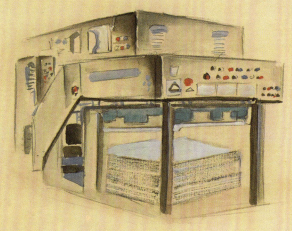

③ 折页

折页机把印好的纸一张张折叠起来，称为书帖，一本书有多少印张就有多少个书帖。

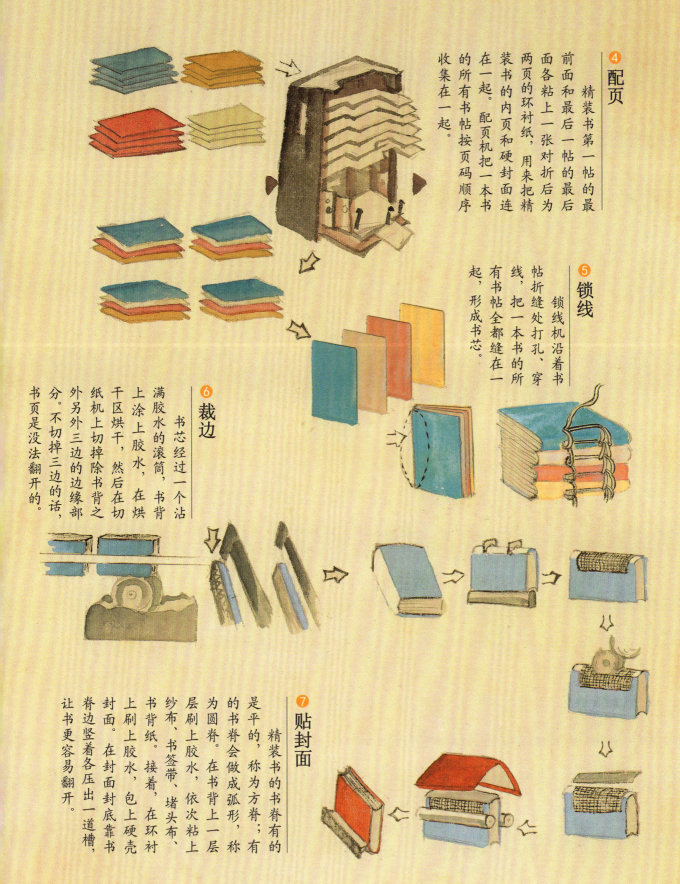

④ 配页

精装书第一帖的最前面和最后一帖的最后面各粘上一张对折后为两页的环衬纸，用来把精装书的内页和硬封面连在一起。配页机把一本书的所有书帖按页码顺序收集在一起。

⑤ 锁线

锁线机沿着书帖折缝处打孔，穿线，把一本书的所有书帖全都缝在一起，形成书芯。

⑥ 裁边

书芯经过一个沾满胶水的滚筒，书背上涂上胶水，在烘干区烘干，然后在切纸机上切掉除书背之外另外三边的边缘部分。不切掉三边的话，书页是没法翻开的。

⑦ 贴封面

精装书的书脊有的是平的，称为方脊；有的书脊会做成弧形，称为圆脊。在书背上一层层刷上胶水，依次粘上纱布、书签带、堵头布、书背纸。接着，在环衬上刷上胶水，包上硬壳封面。在封面封底靠书脊边竖着各压出一道槽，让书更容易翻开。

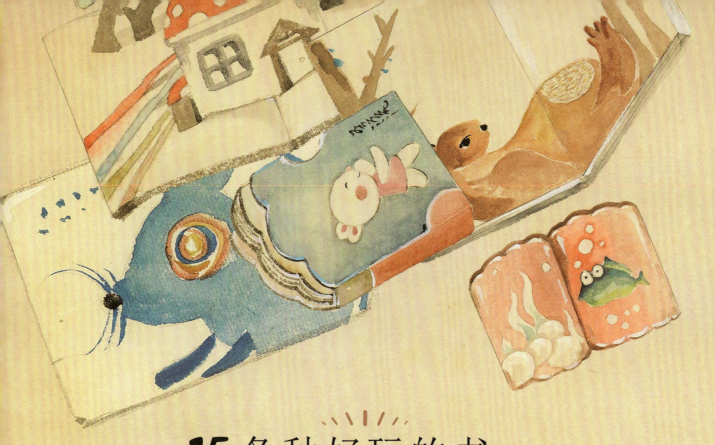

15 各种好玩的书

　　除了最常见的纸书之外，现在还出现了许多专为小朋友制作的图书。它们形式多样，色彩丰富，制作设计充满创意，不仅好看，还很好玩。比如立体书、纸板书、触摸书、翻翻书、洞洞书、手偶书、洗澡书，以及与最新的增强现实技术（AR）结合制作的书，等等。

立体书

纸板书

洞洞书

触摸书

翻翻书

手偶书

洗澡书

55

16 书的新面孔

距今 2000 多年前，人们看的是竹子做的书；过去的 1000 多年里，人们阅读的是纸做的书；而现在，书正以一副全新的面孔出现在人们面前。一个人坐在电脑前或是捧着手机时，他都有可能是在看书，因为数字形式的电子书可以储存在手机、平板电脑、电子书阅读器等电子设备里。

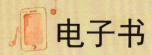 电子书

电子书最大的优点是不必占用实际空间，一个小小的手机里就可以放进几千本甚至更多的电子书。电子书不需要印刷，一本书在电脑上制作完成后，很快就能和读者见面。

电子书的阅读更加个人化，如果嫌字太小，你可以轻松地把字调大。一本书没看完，等下次再看时，电子书会直接打开到你上次看到的页面。

阅读电子书时还可以迅速搜索内容，更方便地做读书笔记，标记书中的精彩部分。

除了纸质书能够呈现的文字和图片，电子书还可以配有音乐、朗读语音、活动影像。遇到不认识的字，点一下，电子书阅读器会把这个字读出来；有看不懂的词，点一下，电子书马上帮你查好字典，释义就会出现在这个词旁边。

未来的书

随着技术的进步，电子书的清晰度会不断提高，使阅读更舒适。未来的电子书阅读器用柔软的材料制成，可以折叠，不小心磕到碰到也不会损坏。

将来，大家上学时再也不用背着沉甸甸的书包了，因为所有的课本都装在一个和一本书差不多大小的教科书阅读器里，做笔记、写作业都可以在阅读器里完成。当然了，更大的可能是，将来的孩子根本就不用上学了，只要有电子学习设备，在哪里都可以在老师的指导下系统地学习各个学科的知识。

扫一扫　　　　歪歪兔
了解情商教育方法　天猫旗舰店